]

MW01712504

por Mary Ramírez
ilustrado por Philip Béha

Scott Foresman

Editorial Offices: Glenview, Illinois • New York, New York
Sales Offices: Reading, Massachusetts • Duluth, Georgia
Glenview, Illinois • Carrollton, Texas • Menlo Park, California

Yo soy el rey René.

Estoy cansado y tengo sueño.

¡Uy!

Yo oigo algo en mi cuarto.

Yo veo un rabito.

Yo no tengo miedo.
¿Qué hay allá abajo?

Yo veo unas patitas.

Yo soy el rey René.
Y no tengo miedo.
¿Qué hay allá abajo?

Yo veo unas orejitas.

Yo soy el rey René.

Vi algo allá abajo.

Ah, ¡y no tengo miedo!

Yo veo unos bigotes.

Yo soy el rey René.

¡Y sí tengo miedo!

Yo veo unos ojitos.

¡Eres tú!

Es mi gatito, Alex.

Tú estabas allá abajo.

Él tiene sueño.